문학사랑 시인선
068

양승조 · 류혜향 부부 금혼기념 시집

두 손 꼭 잡고

두손꼭 잡고

양승조 · 류혜향 부부 금혼기념 시집

발 행 일 2019년 6월 26일
지 은 이 양승조 · 류혜향
발 행 인 李憲錫
발 행 처 오늘의문학사
출판등록 제55호(1993년 6월 23일)
주 소 대전광역시 동구 대전로867번길 52 (한밭오피스텔 401호)
전화번호 (042)624-2980
팩시밀리 (042)628-2983
전자우편 hs2980@hanmail.net
카 페 cafe.daum.net/gljang(문학사랑 글짱들)
cafe.daum.net/art-i-ma(아트매거진)

공 급 처 한국출판협동조합
주문전화 070-7119-1752
팩시밀리 031-944-8234~6

ISBN 978-89-5669-874-8
값 20,000원

* 이 도서의 국립중앙도서관 출판예정도서목록(CIP)은 서지정보유통지원시스템 홈페이지(http://seoji.nl.go.kr)와 국가자료종합목록 구축시스템(http://kolis-net.nl.go.kr)에서 이용하실 수 있습니다. (CIP제어번호 : CIP2019021480)

양승조 · 류혜향 부부 금혼기념 시집

두 손 꼭 잡고

연리지를 지향하는 오롯한 정서

– 양승조 · 류혜향 금혼(金婚) 기념 시집을 감상하며

문학평론가 리 헌 석
(사)문학사랑협의회 이사장

1. 연리지 지향의 시심을 찾아

양승조 시인과 류혜향 시인이 부부 합동 시집을 발간합니다. 각각 시집을 발간할 수 있을 정도의 작품이 창작되어 있지만, 결혼 50주년을 기념하기 위하여, 반씩 채워 부부 시집 『두 손 꼭 잡고』를 발간합니다. 특히 산수(傘壽, 80세)를 맞은 양승조 시인은 아직도 이순(耳順)으로 보일 만큼 젊고 건강합니다. 류혜향 시인 역시 희수(喜壽, 77세)를 1년 앞두고 있는 분인데도 지천명(知天命)을 갓 지난 듯 정갈한 자세가 곱습니다.

두 분이 금혼(金婚)을 맞았으되, 서로를 향한 사랑은 현재 진행형입니다. 첫 시집을 부부 합동 시집으로 발간하는 것만으로도 얼마나 아름답게 살아왔는지 알게 합니다. 현재도 변함없이 서로 비익조(比翼鳥)의 한 쪽 날개가 되어 슬기롭게 살아가는 모습도 담결(淡潔)합니다. 화목한 가정의 본보기라는 주위의 상찬에 맞추어 연리지를 지향하는 시심이 오롯합니다.

애들은 제 갈 길 가고
멋진 목소리는 그대로인데
텅 빈 둥지만 남은
세월의 끝자락
서로가 서로를 품어주며
서 있는 연리지.

— 류혜향 시 「살다보니」 일부

류 시인은 이 작품에서 〈손에 물 한 방울 묻히지 않게 해준다던/ 달콤한 속삭임에/ 잃어버린 반백년〉이라고 말합니다만, 이는 불평이 아니라, 욕심을 내려놓은 비움의 정서로 보입니다. 50년 만에 일터에서 가정으로 돌아와 〈싱크대 앞에 서 있는/ 구부정한 모습/ 미움보다 연민〉으로 부군을 바라보기 때문입니다. 자녀들은 이미 자기 길을 찾아 떠나고, 부부만이 〈서로가 서로를 품어주며/ 서 있는 연리지〉가 되어 여생을 함께 해야 할 삶임을 잘 알고 있다는 증표입니다.

연리지의 표면적 의미는 다른 두 나무의 둥치나 가지가 서로 붙어서 나뭇결이 하나로 이어진 것입니다. 심층적 의미는 화목한 부부, 혹은 사이좋은 남녀 사이로 비유됩니다. 류혜향 시인은 「부부 2」에서도 〈사랑은 파스처럼 찰싹 붙어/ 아픔을 달래주는 것인가 봅니다./ 고맙다는 말 한마디처럼/ 알싸한/ 박하사탕〉이라고 비유합니다.

양승조 시인도 남편으로서 아내에 대한 지극한 사랑을 시에 담아 부창부수(夫唱婦隨)의 경지로 화답(和答)합니다.

커피 한 잔에
매미 소리 타서 마시면

어제보다 더
훤칠해진 나무들

아내의 시詩는
털옷으로 갈아입어
뜻이 더 깊어졌다.

가을을 보내며
내 시詩는
남은 잎마저 떨궈야겠다.

— 양승조 시 「가을을 보내며」 전문

기승전결(起承轉結) 구성으로 이루어진 작품입니다. 구성의 완결성과 함께 문학적 성취를 통하여, 서두부터 반짝이는 감동을 공유하게 합니다. 〈커피 한 잔에/ 매미 소리 타서 마시면〉에서 시각적, 후각적, 청각적, 미각적 이미지의 결합을 공유하게 됩니다. 이러한 복합적 '공감각 이미지'는 좀처럼 찾아보기 힘든 형상화로, 양승조 시인의 독창성을 확보합니다. 이러한 이미지로 인해 매미가 울고 있는 가을 나무들은 어제보다 더 훤칠합니다. 이때 아내의 시는 뜻이 더 깊어지고, 자신의 작품은 잎이 진 나무를 통하여 욕심을 비우고자 하는 내면을 투영합니다.

서로 같은 듯 다른 형상화에서도 〈힘들 때 서로에게 어깨 내어주고/ 머리에 하얗게 서리 앉으면/ 예쁘게 서로 먹물(모발 염색제)〉을 발라주며 〈둘이어서 참 좋다〉고 합니다. 동시에 〈인생은 장편소설〉과 같아서 천천히 쓰면서 느리게 가자고 합니다. 이런 시심을 찾아, 각각의 작품 감상 순서를 갖습니다.

2. 양승조 시인의 결기와 정서

양승조 시인의 시 10편을 2016년에 감상할 기회가 있었습니다. 그때 양승조 시인은 '역사의식과 은유가 빛나는 작품'을 쓰는 분이라는 인상이 깊었습니다. 조선시대 정승을 지낸 우암 송시열 선생의 사당 '남간사'를 둘러보며, 효종 임금 때 '북벌'의 아득한 꿈을 찾아내어 형상화하기도 하고, 여러 작품에 다양한 스펙트럼을 선보였습니다. 10여 편의 작품에서 개성적 은유를 선보이기도 하였으며, 내면의 미묘한 울림을 이미지로 구체화하기도 하였습니다.

3년여 지나 부부 합동 시집에 수록한 양승조 시인의 40여 편 작품을 감상합니다. 전체적인 지향을 유지하면서도 놀라울 만큼 다변화된 성향을 만날 수 있어, 작품 감상의 감동이 새롭습니다. 먼저 역사의식이 발현된 작품을 감상하기로 합니다.

> 비바람 몰아치던 4월
> 두 눈 부릅뜨고
> 새빨간 피를 토하며
> 이 땅의 민주, 자유, 정의를 외치다가
> 쓰러져간 그대를 생각합니다.
>
> 독재 아성을 무너뜨리려고
> 광화문에서 경무대까지 앞장서 달리어 가다가
> 무자비하게 쏟아지는 총탄에
> 피범벅이 되어
> 마지막 숨 몰아쉬던
> 열일곱 살 어린 동생을 떠올립니다.

쏟아지는 가슴의 피를
태극기에 적시며
나보다
죽어가는 동생들을 먼저 구해 달라고 애원하며
꺼져가는 숨을 몰아쉬던
서울대생 윤 열사
그대가 몹시도 그립습니다.

—「4월이면」 일부

양승조 시인은 21세 대학생으로서 4.19 학생 의거(혁명)에 앞장을 섭니다. 그 당시 참담했던 청년들의 희생을 목격하게 되고, 이를 되살려 역사적 진실을 문학으로 승화시킵니다. 수많은 학생들이 피를 토하며 우리나라의 민주, 자유, 정의를 외치다가 쓰러졌을 터입니다. 그렇게 쓰러진 불특정 다수로서의 '그대'를 묵상합니다. 대학생으로서의 그는 광화문에서 경무대(현재 청와대)로 달리다가 총탄에 희생된 열일곱 살 어린 동생(당시 고등학생도 참여하였음)들을 떠올립니다. 죽어가는 동생들을 먼저 구해달라고 애원하며 숨진 서울대생 윤 열사를 그리워합니다.

4.19 학생 의거에 주도적으로 참여하여 부여된 '대한민국 건국 유공자'로서의 60년 세월이 흐른 현재, 양승조 시인은 촛불집회와 태극기 물결을 지켜보면서 양대 세력에게 우리나라를 위해 '가장 소중한 것'이 무엇인지 찾아보기를 권합니다. 〈우주선 쏘아 올리는/ 선진국 대열로 이끈/ 위대한 나라사랑은/ 어디로 갔나/ 독재의 아성으로만 덩그러니 남았다.〉고 한탄합니다. 밖을 향한 한탄은 때로 자성(自省)으로 향합니다.

살아오는 동안
쓸모 있게 살았는지
필요한 만큼
제대로
쓰이며 살았는지

잠시 뒤돌아보게 하는
십이월의 오후 네 시
매 한 마리
고개를 끄덕이며
하늘을 날고 있다.

—「거울 앞에서」 전문

2연 10행의 단시에 자신의 내면을 반영합니다. 1연에서는 청년시절의 의기(義氣)를 지키지 못한 반성을 설의법 형식으로 표현합니다. 이러한 자성은 〈인생 저물어도 내려놓지 못하는/ 미련이 남아/ 나만의 행복을 위하여/ 오늘도 엎드려 기도하는 내가 싫다.〉는 회한(悔恨)으로 전개됩니다. 2연에서는 '반성하는 자세'로 한 해를 마감하는 12월의 어느 날 오후 4시, 시인은 아직도 자신에게 남아 있는 의로운 기개를 찾아냅니다. 내면의 반향으로 기능하는 보조관념으로써, 하늘 높이 날며 고개를 끄덕이는 '매 한 마리'를 찾아 정서를 의탁합니다.

이처럼 하늘의 매에 자신의 내면을 의탁하는 것은 이카로스가 태양을 연모하는 것과 동질적입니다. 이러한 지향은 때로 '자작나무'와 같은 식물성을 향하기도 합니다. 〈동토의 거친 바람 속/ 코사크의 기병처럼/ 스스로 팔다리 털어내며/ 하늘로 우뚝 솟아 있는 너〉로서의 자작나무는 〈오래전부터 기억되며/ 적막한 계절에도 사람의 숨결이 살아나고/ 새소리가 아침을 깨우면/ 마음에 품었던 원대한 꿈〉의 대상이어서 〈순백의 살갗에 피어난 검버섯/ 나이를 먹은 만큼 너의 호연지기〉를 선망하며, 그는 자작나무가 되고자 합니다. 이와 함께 오래된 사물, 그리고 희생적 사랑을 베풀어 주신 어른들에 대한 존경과 사랑도 각별합니다.

할머니 곁을
언제나 놋재떨이 하나 지키고 있었다.

담뱃대로 어둠을 내려치는
재떨이 소리
집안을 울리면
방안으로 살며시 들어오던 도깨비가
소스라쳐 놀라 도망쳤다.

어둠을 쫓아내는 놋쇠 소리
나는
할머니 치마폭에서
편안하게 잠들었다.

고향 빈집에는 이제
재떨이 소리 사라지고
베어진 감나무 둥치에서
회초리로 돋아나는 할머니 기침.

—「놋재떨이」 전문

양승조 시인이 이 작품을 쓰게 된 바탕은 4연의 '빈집'일 터입니다. 할머니 재떨이 소리도 사라지고, 베어진 감나무 둥치에서 회초리만한 새 가지가 돋아나고 있는 '빈 집'을 봅니다. 그는 '빈

집'을 통해, 할머니께서 놋쇠 재떨이에 긴 담뱃대를 두드리던 소리를 추억의 회랑에서 찾아냅니다.

'추억어린 빈 집'에서 어린 시절을 회상하며, 마음으로 가계(家系)를 정리합니다. 그의 증조부께서는 경기도 수원에서 전설로 내려오는 만석꾼이셨고, 그가 태어나고 자란 '집'은 민간이 지을 수 있는 최대치 99간이나 되었으며, 그 집의 일부(전체가 아님)는 '용인민속촌'으로 옮겨져 대한민국 고가(古家)의 전범이 되고 있습니다. '그 집'에서는 흥국생명의 창립자이자, 회장을 역임한 부친 양화석 선생에 대한 그리움도 만나게 됩니다.

그러나 문학적 성취는 '그 집'을 통하여 할머니, 그리고 어머니로 이어지는 시인의 서정이 모티브로 기능합니다. 〈학병 간 아들이 사경을 헤맬 때/ 어머니의 두 손은 온밤 내내 모아져/ 간절하게 빌〉던 어머니를 추억합니다. 봄이면 쑥국처럼 그리움의 입맛을 살리신 어머니, 백일홍 붉게 필 때 〈흰 나비 따라 떠나신 어머니〉여서 하얀 천 조각만 보아도 '고향집'이 그립고, 꿈에서도 팔랑대는 '하얀 손수건'이 나타납니다. 이와 같은 서정이 그를 서정시인으로 우뚝 서게 하였으니, 시에 흐르는 정서의 바탕은 바로 할머니와 어머니입니다. 아름다운 서정시 1편을 먼저 감상합니다.

무심한 찻잔 속에
가늘게 떨리는
여인의 스카프.

기다림은
그렇게 설렘이 있어서 좋다.

여름 철새들 모두 떠난
하늘로
기러기처럼 줄지어 돌아오는
나의 그리움

눈을 뜨면
열린 창문 사이로
더 맑아 투명해진 사랑이 보이고

빛바랜 단풍잎 보며
조금은
외로워서 좋다.

— 「가을 1」 전문

이 작품 한 편만으로도 양승조 시인의 섬세한 정서를 확인할 수 있습니다. 〈무심한 찻잔 속에/ 가늘게 떨리는/ 여인의 스카프〉에서 시인은 유심(唯心)한 '기다림'과 '그리움'을 찾아냅니다. 그 정서는 다시 '더 맑아 투명해진 사랑'으로 전개되지만, 그 사랑은 현존하지 않아서 외로울 수밖에 없습니다. 마지막의 〈조금은/ 외로워서 좋다.〉는 경지에 이르러, 그는 서정시인일 수밖에 없는 운명을 타고난 사람으로 보입니다.

그의 서정성은 여러 작품에서 미적 성취를 이룹니다. 〈아내의 주방에/ 반짝이는 이야기 몇 닢 펼쳐놓으면/ 깊게 파인 주름살 다림질 될까〉 〈친구의 기분 나쁜 이야기도/ 용서가 되는/ 도시의 나무마다 빛나는/ 저 화창한 손길〉 〈슬퍼하지 말자/ 나무의 앙상한 팔다리 끝에/ 반짝 하고 피어나는/ 이별의 아름다움〉 〈장롱 문을 열다가/ 온 방을 눈부시게 하던/ 색 바랜 장미 무늬/ 그만 가시에 찔리고 만다.〉 등에서 그가 짓는 감동을 공유합니다.

동시에 〈문득 여명처럼 떠오르는 화두/ 한 구절 한 구절 금을 캐어/ 목걸이를 만들면서/ 행복하다.〉는 작품 창작의 비유적 화두에 머물게 됩니다.

3. 류혜향 시인의 전통 서정

류혜향 시인의 시 10여 편을 2016년에 감상할 수 있었습니다. 그의 작품에서 두드러진 경향은 할머니 아버지 어머니 그리고 자신을 포함한 가족에 대한 애틋한 정서였습니다. 또한 주위에서 만나는 '가난한 삶'에 대한 연민의 정서가 진정성 있게 형상화되어 있었습니다. 어쩌면 순백의 정서에 사랑과 연민의 붓으로 그림을 그려 놓은 듯하였습니다. 그의 정서는 전통을 지키는 가정에서나 있을 법한 '아버지 상' '어머니 상'을 형상화하고 있습니다. 우리가 잊고 있는 아름다운 전통을 되살려내는 것만으로도 그의 작업은 높은 가치를 확보합니다.

3년이 지난 후, 류혜향 시인의 금혼 기념 시집에 수록할 작품을 감상하면서, 따스한 듯 단정한 시심이 여일(如一)하여 놀랍니다. 작품의 바탕은 여전히 전통적 정서와 닿아 있었으며, 작품 완성을 위한 구성과 표현이 섬세하고 미려하여 감상의 맛이 새롭습니다.

문밖에서 잠은 서성대고
수많은 별들이
눈앞에서 반짝거린다.

한 알 다 달라고 떼쓰시던 어머니

떨리는 손으로
잠 한 덩어리 반으로 자르시던 아버지
어머니의 숙면熟眠 이 영원으로 이어질까봐
남겨진 시간을 나누듯
어머니의 애절한 눈빛을 외면할 때
얼마나 마음이 아프셨을까

생각의 골짜기 깊어지면
잠 못 드는 밤이 이어지고
반쪽씩 갈라주는 손길에서
마음의 두께를 느끼며
오늘 밤도
사랑을 나누듯 잠을 나눈다.

—「마음의 두께」 전문

병환 중의 어머니를 간병하는 아버지의 눈물겨운 사랑을 작품에 담아내고 있습니다. 어느 한 쪽의 부모님께서 편찮으시던 경험을 겪은 독자들은 이 작품을 감상하면서 눈시울을 적시었을 터입니다. 잠이 오지 않는다면서 '수면제'를 더 달라고 하는 환자, 그렇지만 적량이 아니어서 응할 수 없는 가족들의 안타까움이 절실하게 표현되어 있습니다. 서사적 특징을 띤 작품이면서도 비유와 상징을 잃지 않은 것은 류혜향 시인만의 놀라운 시 창작법입니다.

류혜향 시인의 마음에는 아버지로부터 받은 '사랑'과 이로 인한 '존경'이 그리움을 생성합니다. 작품 「아버지의 손」에서 〈엊그제 빨아 말린 이불 홑청을 꿰매면서/ 너무 낡아 이제는/ 색이 바란 실패(실을 감아 두는 물건)를 보니/ 그 옛날/ 실감아 주시던/ 아버지의 손이 그립다.〉고 밝힙니다. 〈시집가는 딸에게/ 굵은 무명실을 감아주면/ 오래오래 잘 산다〉고, 〈함 들어올 때 내다보면 안 된다고/ 붙잡고 앉아 실감아 주시며/ 인생의 기나긴 길목 어려운 일도/ 실처럼 술술 풀려 잘 살라고/ 기도하시던 아버지〉에 대한 사랑과 그리움이 특별합니다.

칼바람이 분다.

둥지 하나
마른 몸 움츠리고
아슬하게 걸려 있다.

햇살처럼 구르던
새끼들의 재잘거림
푸른 날개 펼쳐 떠나버리고

세월의 접힘 따라
하염없이 흔들리는 낡은 둥지

기약 없는
등 굽은 기다림.

—「둥지를 보며」 전문

이 작품의 '둥지'는 나무 위에 아슬하게 걸려 있는 새의 보금자리일 터입니다. 봄에 새로 짓거나, 낡은 둥지를 보수하여 여름에 새끼를 길러냅니다. 그 '둥지'가 가을을 지나 '칼바람'이 부는 겨울이 되자 위태롭게 흔들립니다. 그 모습을 보면서 시인은 험한 세상에서도 사랑으로 지키고 있는 '등 굽은 기다림'을 찾아냅니다. 이는 자화상일 수도 있지만, 시인을 보내고 남은 어머니의 모습일 수도 있으며, 때로는 오래 전에 보았던 할머니의 헛헛한 모습일 수도 있습니다.

〈햇살처럼 구르던/ 새끼들의 재잘거림/ 푸른 날개 펼쳐 떠나버리고〉 남은 빈 둥지에서 시인은 어미새의 정서를 환기(喚起)합니다. 이런 형상화는 여러 작품에서 산견(散見)됩니다. 〈고향집 담장에/ 할머니 마음 같은 능소화/ 한여름을 보내며〉 지고 있는 능소화와 할머니를 동일시합니다. 그 할머니는 손녀가 발라준 빨간 매니큐어 손톱을 보면서 알 듯 모를 듯 웃으시더니 〈첫눈 오고 며칠 뒤/ 열 개의 꽃등이 밝혀주는 길 따라〉 떠나십니다. 이렇게 형성되어 구체화된 할머니에 대한 그리움은 바로 어머니로 이어지고, 다시 자신의 삶으로 전이되어 나타납니다.

블라인드 사이로 쏟아지는 햇살
갈라진 조각들이
만화경을 만든다.

피고, 지고, 헤어짐의 반복 속에
수많은 사람들이
화면처럼 스쳐 가고

작년보다 눈금 하나
더 걸어와
바라보는 모란의 개화開花

점점 더 빛나는 햇빛을 탄주彈奏하며
지나가는
먼 산 뻐꾸기 소리.

— 「나의 5월」 전문

작품에 아버지 어머니가 직접적으로 드러나지는 않지만, 〈작년보다 눈금 하나/ 더 걸어와/ 바라보는 모란의 개화〉에서 나이 들어가는 자신의 세월을 노래합니다. 특히 〈피고, 지고, 헤어짐의 반복 속에/ 수많은 사람들이/ 화면처럼 스쳐 가고〉에서 꽃과 사람의 은유적 접합이 절묘합니다.

이러한 이미지 속에 어머니와 자신이 오롯하게 자리하고 있습니다. 〈남편도/ 어머니를 닮아가는 나를 보고/ 장모님과 사는 것 같아 죄송하다고/ 능청을 떱니다.〉〈주름 물결치고 하얀 눈 내린 얼굴/ 내가 웃으니/ 웃음으로 화답하시는/ 우리 어머니.〉를 통하여, 시인은 자신의 모습에서 어머니의 모습을 떠올립니다. 이런 과정에서 자신에 대한 정서를 작품으로 빚습니다.

뼈만 앙상한
은행나무 그림자
창밖에 흩날리는 낙엽 한 장

세월의 바람 견디지 못하고
몰래 내 곁을 떠나고 있는지

구름 그림자 짙어지는
삶의 뜨락 저편, 문득
잊고 있었던 소녀 하나 서있다.

오늘까지
참 잘 왔다고
살포시 웃는다.

여기

저기
가을이 떠나고 있다.

—「늦가을 오후」 전문

자신의 현실을 가늠할 때, 시인은 '늦가을 오후'로 인식하는 것 같습니다. 그리하여 〈구름 그림자 짙어지는/ 삶의 뜨락 저편, 문득/ 잊고 있었던 소녀〉를 추억합니다. 작품에서는 스스로 소녀가 되어 할머니와 어머니, 그리고 아버지를 만나기도 합니다. 젊은 시절에 나누던 부부 간의 사랑도 아름답게 그려집니다. 그러나 이제 그 '소녀'는 작품 속에만 존재합니다. 그리하여 느껴지는 애상의 계절이지만, 시인은 '오늘까지 참 잘 왔다.'고 안분지족(安分知足)의 심상을 작품으로 그립니다.

자신의 삶은 물론, 할머니의 가슴 아픈 순종, 어머니의 감내하는 미덕은 할아버지와 아버지의 삶을 추억하게 하는 요소로 기능합니다. 전라북도 전주시에 둥지를 튼 유가(儒家), '호남 유림'의 대표적인 인물, '노블리스 오블리제(noblesse oblige)'를 실천한 유직양 선생이 류혜향 시인의 조부입니다. 전주에 '명륜대학'을 설립하여 운영하던 중, 국립 전북대학교 설립을 추진하자, 150만 평의 학교 부지를 희사한 분, 그 뜻을 기려 학내에 동상(銅像)이 건립되어 있습니다. 시인의 부친 역시 전주고등학교 부지를 희사한 뜻을 기려, 교내에 동상(銅像)이 건립되어 있습니다. 특히 시인의 부친 유청(柳靑) 선생은 4선 국회의원으로 지역 및 나라 발전에 기여하면서도, 자녀에게 자상한 사랑을 베푼 분이어서 류혜향 시인의 여러 작품에 등장합니다.

이제 류혜향 시인도 희수(喜壽)를 1년 앞두고, 아버지 어머니의 세월을 살아내고 있습니다. 그 바탕에서 작품을 창작하기 때문에, 아름다운 감동을 생성하여 독자들과 공유하는 일이 더 깊어지리라 기대됩니다.

4. 마주 잡은 손이 따뜻하다

양승조 시인과 류혜향 시인, 결혼 50주년을 맞은 두 분은 참으로 복 받은 분들입니다. 오랜 동안 부부의 정을 쌓으면서 '금혼(金婚)' 기념으로 2019년에 부부 합동시집을 발간하는 일은 더욱 보람되고 아름다운 일입니다. 두 분의 사랑과 인내로 쌓은 금자탑은 회혼(回婚, 60주년)을 향한 출발일 터이고, 그리하여 다시 금강혼(金剛婚, 75주년)에도 이를 것이매, 내내 행복하기를 기원하면서 작품 감상의 여정을 마무리합니다.

가시밭길 험한 고개도
서로의 울력으로 쉽게 넘을 수 있었지.
북쪽 고개 너머로
나직하게 울고 있는 겨울 바람소리
여보!
당신과 함께 걷는 내 삶의 길엔
찬 서리 눈보라도 무섭지 않소.
— 양승조 시「둘이 걸어온 길」일부

양승조 시인은 〈명문가 예쁜 색시 얻는 놈/ 누구냐고/ 동네 아줌마, 처녀들/ 샐쭉하며 치켜 올라간 눈초리〉에도 신바람이 나서 아내를 맞습니다. 두 손 꼭 잡고 걸어온 길이어서 꿈같은 세월이었다고 밝힙니다. 이제 금혼을 맞아 〈살짝 주름진 골을 펴주며/ 더 늙지 말고 그냥 옆에만 있어 주세요.〉 하느님께 간절한 기도를 드립니다. 그러면서도 국화꽃 만발한 미당 서정주 시인의 생가를 찾아 시 창작에 대한 발심(發心)의 계기를 맞습니다. 〈한 송이의 국화꽃을 피우기 위해/ 미당은 소쩍새가 되어 떠났습니다./ 국화꽃 봉오리마다 피어나는 시詩/ 뒤돌아서는 나의 가슴에도/ 미당의 향기〉(미당을 그리며)처럼 멋진 시 창작의 결기를 다집니다.

> 보고 싶어도 볼 수 없는
> 내 뒷모습은 어떨까
>
> 한 사람에게라도 그리움이었으면 좋겠다.
> 가슴 속에 맨 먼저 떠오르는
> 사람이었으면 더욱 좋겠다.
>
> — 류혜향 시 「12월 첫날에」 일부

류혜향 시인은 〈그의 손 잡아본 설렘도/ 깔깔대고 뒹굴던 두 아들의 재롱도/ 어제 일만 같은데// 지름길로 먼저 와 버린 세월〉도 긍정하는 시심을 보입니다. 그리하여 어느 한 사람에게라도 그리움으로 남아 있는 사람이 되고자 작품 창작에 나섭니다. 〈가슴 속에 맨 먼저 떠오르는 사람〉이 되는 일은 좋은 작품을 빚어 감동을 공유할 때 실현될 수 있습니다. 그리하여 시인은 〈끝과 시작이 함께하는 십이월/ 머물렀던 자리/ 추억 속에 묻어두고/ 계절의 문턱〉을 넘습니다. 그는 〈마음에 맴도는 시〉를 작품으로 승화시키기 위해 〈밤잠 못 이루고 뒤척이다가〉 새벽녘이 되어서야 '마음의 소리'를 빚습니다. 이렇듯 감동을 공유하기 위해 최선을 다하는 자세가 웅숭깊습니다.

두 분이 처음 손을 마주 잡은 것처럼, 그리하여 50여년의 세월을 함께 살아온 것처럼, 앞으로도 연리비익(連理比翼, 연리지와 비익조)의 합심으로 살아 낼 것 같습니다. 그 과정에서 감동적인 작품을 창작하리라고 기대합니다. 이제 산수(傘壽)에 이른 양승조 시인은 미당 선생처럼 역사에 남을 시 창작에 남은 세월 내내 충실하리라 믿습니다. 류혜향 시인도 희수(喜壽)를 1년 앞두고, 아버지 어머니의 세월을 살아내고 있는바, 그 바탕에서 작품을 창작하기 때문에, 아름다운 감동을 생성하여 독자들과 공유하는 일에 몰두하리라 믿습니다. 두 분의 마음과 정성이 담긴 작품 창작을 기대하며, 금혼(金婚) 기념 시집『두 손 꼭 잡고』의 작품 감상 여로를 접습니다.

_ 목차

제2부 마음의 두께 (류혜향 시인의 시) 

결혼 50주년 금혼 기념
양승조·류혜향 부부 시집 출판
축하합니다!
사랑합니다!
- 정소연 -

제1부

내 안의 거울

(양승조 시인의 시)

어떤 풍경 3
Oil on Canvas
162×130.3 cm
2016 (정소연 作)

정소연의 회화 작업은 "아름답게 포장된 것들의 이면"을 보여주는 작업으로 꿈과 현실, 가상과 실재 사이의 관계를 다루고 있다.
〈어떤 풍경(some Landscape)〉 시리즈는 가장 현실적이면서 동시에 가장 비현실적인 건축모형을 이용한 "유사(類似)풍경(pseudo-landscape)"으로서 풍경에 대한 새로운 관점을 제시하며 실재와 가상이 접목된 세계에 대한 다층적인 해석의 가능성에 주목하게 한다.

감사하고 힘이 저절로 솟습니다

지나온 날을 잠시 뒤돌아보며 잘 살았고, 잘 살아 왔습니다. 어디 인생이 모든 면에서 만족할 수야 있습니까? 조금은 부족한 가운데 만족스럽다고 생각하며 살다가, 그 조금 모자라는 부분을 채워 보려고, 둘이 더불어 다니려고, 마누라 두 손 꼭 잡고 詩 공부한 지 어언 4년, 여럿이 밥 먹는 재미가 더 좋았던 시간이었습니다.

서당 개 3년이면 풍월 읊는다고, 이제 우리도 풍월을 읊어 보았습니다. 잘 쓴다고 용기주시는 교수님들 말씀을 곧이곧대로 들은 바보들이 겁도 없이 금혼기념金婚記念 시집詩集을 선보입니다.

푸른 옷 홀랑 벗어버리고 오들오들 떨고 있는, 가지만 남은 배롱나무 가지처럼 앙상한 몸에 붉은 꽃망울 터트리게 해주신 우리 문학사랑 리헌석 이사장님, 날카로운 면도날로 가차없이 잘라주시던 김영수 학장님, 엄청난 산고를 함께해주신 서정의 대가 엄기창 원장님, 동문수학하는 여러 문우님들께 감사드립니다.

시가 무엇인지 걸음마 배워 주신 김택중 교수님, 은유, 비유로 형상화가 안 된 詩는 과감히 버리라는 윤은경 교수님, 참으로 감사합니다. 그리고 멋진 책이 되도록 애써 주신 오늘의문학사 가족 여러분에게 고마운 인사를 드립니다.

멋진 표지 그림을 그려준 포스트-네버랜드 정소연 작가님, 또한 늦깎이 두 바보에게 정말로 좋은 시를 잘 쓴다고 항상 칭찬해주는 자생모(자매들의 생일모임) 형제들에게도 고마운 인사를 드립니다. 감사하고 힘이 저절로 솟습니다.

큰아들, 삽화를 그려준 큰며느리 정유진 작가, 잘생긴 손자 희찬이, 멀리 인도네시아에서 작은 아들과 작은 며느리, "할머니, 할아버지 멋져요." 날마다 페이스톡으로 응원하는 손녀 희수, 모두모두 고맙고 감사하다. 행복하길 빈다.

2019년 6월

양 승 조

거울 앞에서

살아오는 동안
쓸모 있게 살았는지
필요한 만큼
제대로
쓰이며 살았는지

잠시 뒤돌아보게 하는
십이월의 오후 네 시
매 한 마리
고개를 끄덕이며
하늘을 날고 있다.

내어주는 삶

무지개를 바라보며
가파른 절벽 기어오르며
손, 발톱 다 닳아버려도
나만의 행복을 위하여
움켜쥐고 매달리며 살아 왔다.

외진 섬 소록도에서
한평생
한센 병 환자
입으로 피고름 빨아 치료하던
마리안느, 마가렛 수녀님!
그들의 빛나는 삶

인생 저물어도 내려놓지 못하는
미련이 남아
나만의 행복을 위하여
오늘도 엎드려 기도하는 내가 싫다.

고인돌 앞에서

수천 년의 신비가
천만 근의 돌 무게만큼
세월을 견디고 있다

지배자의 헛된 욕망과
민초들의 고통이
얼룩처럼 배어있는 돌무덤을 보며

시간을 거슬러
가고 오는 것들의 발자국들이
못다 한 말의 옹이로 굳어진 역사 앞에서

나는
아무 생각 없이
살랑거리는 억새들의 율동에
귀 기울이고 있다.

미움을 떨치지 못하고

살아오면서
미움을 가슴에 품고
말로만 버리자고 합니다.

언제나
사랑 뒤에 숨어 있다가
화산 폭발하듯
순식간에 터져버리는
미움은 끝이 없습니다.

고백성사를 통해
수백 번 떨쳐 버렸는가 싶더니
언제나 미움은
마음 한 구석에 숨어 있습니다.

사랑만 하기에도 모자라는 시간
도사리고 있는
미움을 밀어 내고

사랑으로 채워 달라고
기도하는 마음
내 마음입니다.

습작習作

바삭 바사삭
하루가 궁색해지는 중
끼적거려 놓은 놈들 죽 세워놓고
상상의 깊이를 재어본다.

너무 깊이 빠져 버렸나
허우적거리며
삐쭉 삐쭉 돋아난 검불을 잘라낸다

뒤집어 보고 잘라내도
멋진 구석이 하나도 없어
구석으로 던져 버렸다.

창문을 활짝 열었다.
휑한 바람

덜 여문 벼 이삭이
태양 아래 속을 채우려고
발돋움 하고 있다.

공들인 시간이 아까워
해넘이 속에서 다시 주워든다.

두 손 모아

간절한 마음으로
두 손 모아 기도를 한다.
부처님께 빈다.
신령님께 빈다.
하느님께도 빈다.
남편과 자식 위해
빌고 또 빈다.
손바닥이 닳아 버릴 때까지 싹싹 빈다.

부뚜막 한가운데
켜놓은 인등*의 불꽃이
꺼질 듯 꺼질 듯
파르르 떨고 있다

학병 간 아들이 사경을 헤맬 때
어머니의 두 손은 온밤 내내 모아져
간절하게 빌었다.

죽음을 헤쳐 나가
살아 돌아오시게.

한 여인의 인생은
돌고 돌아도
두 손 모아 비는 마음은
부족한 사주팔자를 채워가며
늘 같은 모습이다.

* 인등 : 민간 신앙에서 부엌 주왕신께 치성들이기 위해 종지에 기름 넣어 심지에 불을 붙인 등.

가을 1

무심한 찻잔 속에
가늘게 떨리는
여인의 스카프.

기다림은
그렇게 설렘이 있어서 좋다.

여름 철새들 모두 떠난
하늘로
기러기처럼 줄지어 돌아오는
나의 그리움

눈을 뜨면
열린 창문 사이로
더 맑아 투명해진 사랑이 보이고

빛바랜 단풍잎 보며
조금은
외로워서 좋다.

느리게 아주 느리게

빨리도 걸었다
앞서 가면서도 더 멀찍이 앞서려던 게
젊은 시절 내 삶의 전부였다.

사연 없이 절절한 유행가처럼
짓눌린 어깨 위로
더해지던 삶의 무게
혼자만 살아남았다.

서녘 하늘에
노을이 피었다 지고
낡은 벽시계는 이제
천천히 아주 천천히 가고

당신과 마주잡은 손을 확인하며
기쁘지 않은 일에도 실없이 웃으며
느리게 아주 느리게
걸어가는 발자국 소리.

놋재떨이

할머니 곁을
언제나 놋재떨이 하나 지키고 있었다.

담뱃대로 어둠을 내려치는
재떨이 소리
집안을 울리면
방안으로 살며시 들어오던 도깨비가
소스라쳐 놀라 도망쳤다.

어둠을 쫓아내는 놋쇠 소리
나는
할머니 치마폭에서
편안하게 잠들었다.

고향 빈집에는 이제
재떨이 소리 사라지고
베어진 감나무 둥치에서
회초리로 돋아나는 할머니 기침.

오월

계절의 여왕은
그렇게 파란 그네를 타고
온 세상을 치마 밑에 깔고 앉았네.
아픈 사람들도 초록으로 피어
개구리 소리처럼 분주한 마을에서
밤을 맞으면
당신의 잔소리도 모란꽃 피는 소리처럼
정답게 들린다네.
앞산이 훨씬 가깝게 다가와
손을 내밀면
껄껄 웃으며 손을 맞잡는
오월은 사람을 너그럽게 만드는 계절.

구월

뭉게구름 저 편에서
선잠 깬 하늬바람
창문을 때리며 아침을 연다.

키 큰 소녀처럼 코스모스
하늘거리며 미소를 보내면
낮게 날며 앉을 곳 두리번거리는
고추잠자리

낙지 한 마리
초고추장 찍어
소주 한 잔 나눌 친구가 그립다.

돌담길 너머
야윈 매미소리
머리에 단풍 드는 인생의 가을.

편견의 그늘에서

까만 고무신도 고마웠던 시절
나무뿌리 캐어 먹던
배고픔의 나라
이밥 한 그릇
배불리 먹었으면….

일본과의 차이가 백년
허리띠 졸라매고
무엇이든지
빨리 빨리
급하게 서둘러 이룩한
개발시대의 완성

우주선 쏘아 올리는
선진국대열로 이끈
위대한 나라 사랑은
어디로 갔나.
독재의 아성으로만 덩그러니 남았다.

문풍지가 떨며
혼자만의 생각을 소리쳐 외친다.
한 꺼풀 벗겨 보면

금방 쏟아져 내릴 것 같은
편견의 그늘에
썩어가는 종기 그냥 둔 채
아픈 다리 끌며 간다.

물 한 모금

비가 언제 왔는지
까맣게 잊혀져
대지는 불타오른다.
물 찾아
고라니는 땅바닥을 핥지만
목을 축일 물은 없다.

쩍쩍 갈라진 논바닥
하늘을 쳐다보는
농부의 눈은 원망으로 넘치고 있다.

농자천하지대본
낟알 한 알 한 알이
소중한 우리의 삶

제 욕심만 차리려고 물길 터 놔
지지고 볶고 눈가림 하니
하늘이 노했나.
구름 한 점 없구나.

이놈들아
옛날 임금님처럼

기우제라도 지내야지.
마른 목 축일 수 있게
기도라도 해야지.

하늘만 쳐다보고 있냐.

4월이면

비바람 몰아치던 4월
두 눈 부릅뜨고
새빨간 피를 토하며
이 땅의 민주, 자유, 정의를 외치다가
쓰러져간 그대를 생각합니다.

독재 아성을 무너뜨리려고
광화문에서 경무대까지 앞장서 달리어 가다가
무자비하게 쏟아지는 총탄에
피범벅이 되어
마지막 숨 몰아쉬던
열일곱 살 어린 동생을 떠올립니다.

쏟아지는 가슴의 피를
태극기에 적시며
나보다
죽어가는 동생들을 먼저 구해 달라고 애원하며
꺼져가는 숨을 몰아쉬던
서울대생 윤 열사
그대가 몹시도 그립습니다.

이제는 조용히
촛불과 태극기 물결을 지켜봅니다.
당신들은 아는가요?
오염되기 전 이 땅의 민주, 자유, 정의가
어떻게 지켜졌는지
그날의 열사들이 한사코 지키려 했던
가장 소중한 것이 무엇인지….

추락

남보다 먼저 정상에 올라
잘 살기 위해
멀리 돌아가는 평탄한 길 제쳐 두고
가파른 절벽
맨손으로 한 땀 한 땀 기어올라
정상의 신기루 움켜쥐었다.

서서히 즐기며 보람도 느끼기 전
겨드랑이 사이로 파고드는
차디찬 두려움의 끝
나는 알고 있다
추락하며 지르는 비명을….

추락의 저편에서
원한 만큼
공허한 후회가
안개처럼 가슴속을 적셔 간다.

마법의 날개는 없다
이카루스의 날개는
욕망의 꿈속에 타 버렸다.

소쩍새

산에서
구슬피 울던 소쩍새가
도시 한복판 공원에서도 운다.

소쩍 소쩍
솥이 적어 먹을 게 없다고
하소연하며
배고파 울고 있다.

오래 전에
잘살아보자 새마을운동으로
보릿고개 사라지고
배고픔도 없어졌으니

이제
울음소리 바꾸어
배불러 배불러
노래하면서
즐겁게 살 때도 되지 않았나.

물안개

물안개 길을 지우며
강가를 휘돌아 나간다.

감추고 싶은 것 너무도 많은
우리네 세상

자연은
긴 장막 드리워
모든 것을 가리고 있다.

아름다운 것들도 같이 묻히는
강가에 서면
삶은 불투명한 안개 같은 것.

노숙자

산등성이에
오른다면 그땐
노숙자가 아니지
역전에 길들여진 내 몸
타고난 길거리 적응력
스스로 버린 몸
뒤돌아보기

전설이 되어버린
아득한 분노
가슴에 뭉쳐진
시커먼 구름을
한꺼번에 재를 뿌려
떠오르는 태양을
온통 덮어 버리고 싶었다.

잠을 흔들어
온통 회색의 모퉁이를 돌아
주어진 삶을 내 팽개치며
차디찬 시멘트 바닥을 어루만진다.
오늘도 살아 있다는 무의미한
호흡을 가다듬는다.

Youjin

도시의 단풍

울긋불긋
눈부신 화려한 자태
도시 속에 너의 모습
환상의 세레나데

가을은
도시의 우울한 일들 쓸어버리려
색색의 즐거운 이야기
가득 안고 내려왔다.

아내의 주방에
반짝이는 이야기 몇 닢 펼쳐놓으면
깊게 파인 주름살 다림질 될까.

친구의 기분 나쁜 이야기도
용서가 되는
도시의 나무마다 빛나는
저 화창한 손길.

내가 누구냐고

가슴을 파고드는
마음을 노래하는 시詩
환희歡喜와 오열嗚咽의 붓으로
새 그림을 그려본다.

고개 넘고 개울 건너
희수喜壽를 지나서야
산모퉁이 돌아 미지의 세계로
비틀거리며 걷는다.

나는 누구인가
덧없는 시간의 틈새를 파고들며
나의 외침이 메아리쳐올 때
짐 진 삶의 무게가
가볍게 느껴질 때는 언제일까

자다가 일어나
문득 여명처럼 떠오르는 화두話頭
한 구절 한 구절 금을 캐어
목걸이를 만들면서
행복하다.

가을 2

색동 옷 입고 내게로 온다.
그대의 따듯한 눈길이
내 가슴에 머물 때
황혼의 슬픔이 저만치 밀려난다.

어지러운 경적 속에서도
단풍잎의 귀는 열려 있다.
아스팔트 바닥에 내려놓는
저 빛나는 생애生涯

가을은
숨 가쁘게 달려온 젊음의
발자국 끝에
수많은 열매들을 익혀놓는다.

슬퍼하지 말자
나무의 앙상한 팔다리 끝에
반짝 하고 피어나는
이별의 아름다움

사라지는 것은
끝나는 것이 아니다.

기다림

무엇을 기다리는지
누구를 기다리는지
멍한 눈동자를 굴리며
대합실 천장 선풍기는
허망한 세-월을 뿜어내고 있다.

기적이 산모퉁이를 돌고 돌며
한숨을 토해 내고
떠나간 풍각쟁이
가고 못 오는 손풍금 울림이
꽃처럼 피어나는 날

쓰레기 통 속의 휴지조각처럼
아낌없이 버렸다고 생각되었던
추억들 살아나
아지랑이로 아른댄다.

내가 걸어가는 길이
너무도 아름답고 평화로워
가끔은 기다려지는
젊은 날 놓쳐버린 것들.

가을을 보내며

커피 한 잔에
매미 소리 타서 마시면

어제보다 더
휜칠해진 나무들

아내의 시詩는
털옷으로 갈아입어
뜻이 더 깊어졌다.

가을을 보내며
내 시詩는
남은 잎마저 떨궈야겠다.

두 손 꼭 잡고

온 동네가 떠들썩
장가가는 날

명문가 예쁜 색시 얻는 놈
누구냐고
동네 아줌마, 처녀들
샐쭉하며 치켜 올라간 눈초리

아침상 들고 나가는 색시
치마꼬리 잡아채고 보채며
살짝 얼굴 붉히던 꿈같은 세월

두 손 꼭 잡고
걸어온 길
돌부리 걸려 넘어지면
호호 불어 약 발라주는 내 색시

살짝 주름진 골을 펴주며
더 늙지 말고 그냥 옆에만 있어 주세요.
날마다 하느님께 드리는 간절한 기도.

Youjin

둘이 걸어온 길

한가한 오후
아내의 두 손 꼭 잡고 팔각정에 올랐다.
가을의 아름다운 것들
모두 여기 몰려와 있다.
구절초 꽃 옹기종기 모여 있는
덤불 사이로
우리가 걸어온 길 아련히 열려 있고
고추잠자리 날고 있는 하늘 사이로
비늘구름처럼
언뜻언뜻 반짝이는 수많은 일들
두 손 꼭 잡고 걸어왔기에
여기까지 즐겁게 걸어올 수 있었지.
가시밭길 험한 고개도
서로의 울력으로 쉽게 넘을 수 있었지.
북쪽 고개 너머로
나직하게 울고 있는 겨울 바람소리
여보!
당신과 함께 걷는 내 삶의 길엔
찬 서리 눈보라도 무섭지 않소.

장롱

언제부터인가 가끔은
장롱 문을 열다가
온 방을 눈부시게 하던
색 바랜 장미 무늬
그만 가시에 찔리고 만다.

마음 한구석이
흙탕물 속으로 빠져 들어간다.

고뇌의 시간이
끌어 올린 새벽빛에
따스한 입술이 겹쳐 온다.

장롱 속 겹겹이 쌓여 있는
믿음과 사랑이
내일을 우려낸다.

낡은 장롱에서부터
혈맥을 타고
완전하게 꽃을 피우는 장미꽃
당신 때문에 기쁘기만 하다.

작은 미움

미움의 불씨
질화로에 있는 듯 없는 듯
사랑 속에 숨어 있다가
순식간에 터져버리는 활화산

걸림 없는 삶
아름다운 미움은 없을까
미워하더라도
오래 머무르게 하지말자

날카로운 창날
화로 속에 묻어
따듯한 사랑으로
녹여주자

작은 미움이
한 구석에도
자리 하지 못하도록.

달맞이꽃

왜 거기서
외로이 있느냐고 물으면
살며시 미소만 짓고 있다.

달이 뜨면
어둠 속에서 몰래 키운
노오란 부끄러움 살며시 드러내고

높은 곳만 바라보는
진한 그리움

너의 사랑은
이루어질 수 없다.
기다리다 오래 기다리다
네 청춘은 시들어도

벌판 한 귀퉁이에서
그렇게 서서 기다리는 게
네 숙명이다.
자작나무이고 싶다
하늘이 낮게 내려앉는다.

Youjin 2018

자작나무 숲에

강렬한 태양이
순백의 살결을 쓰다듬는다.

동토의 거친 바람 속
코사크의 기병처럼
스스로 팔다리 털어내며
하늘로 우뚝 솟아있는 너는
자작의 칭호가 부끄럽지 않구나.

오래전부터 기억되며
적막한 계절에도 사람의 숨결이 살아나고
새소리가 아침을 깨우면
마음에 품었던 원대한 꿈을 펼쳤다.

살아온 세월의 훈장인가
순백의 살갗에 피어난 검버섯
나이를 먹은 만큼 너의 호연지기는
하늘 끝에 닿아 있다.

때로는
내가 너이고 싶은 까닭이다.

내 짝

언제나
우리는 두 손 꼭 잡고
길을 걷고 있다
온 세상 모든 것이
좋았던 시절
먼 훗날까지 그대로 가고 싶다.

한 여름
핏빛 장미 가시에 찔린 상처도
세월 속에 감추어 버렸다.

스쳐 지나간
별들의 꿈 떨쳐 버리고
인연의 끈을
그대로 간직 하면서
애틋한 사랑을 온몸으로 받아들인다.

오늘도
잠자리에서 두 손을 꼭 잡고
한길 걸어온 애틋함에
살포시 다가오는 행복
당신은 영원한 내 짝입니다.

향기 품은 여인

모란은
화려하고 아름답지만
향기가 없다.
지나가는 벌 나비는
잠시도 앉았다 가지 않는다.

모란보다는 화려하지 않지만
당신의 마음에서는
향내가 난다.

향에 취해 꼼짝도 못하는 벌처럼
나의 행운은
평생을 당신 곁 말뚝으로 산 것이다.

하얀 손수건

어머니 외로우실 때
살며시 꺼내어
남몰래 눈물 닦으시던
하얀 손수건

봄이면
쑥국처럼
내 그리움의 입맛 살아올라
고운 꽃잎에
입을 맞추어도 눈물이 난다.

백일홍 붉게 필 때
봄처럼 살다가
흰 나비 따라 떠나신 어머니

하얀 천 조각만 보아도
고향집
흰 나비처럼

꿈에서도 팔랑대는
하얀 손수건.

막걸리

벼 한 다발 베어 들고
밀짚모자 눌러 쓴 사람이
함박웃음 쏟아 낸다.

논두렁에 퍼질러 앉아
막걸리 한 사발에
베어 무는 무김치 한 입.

등가죽 허리에 달라붙어
피죽 한 사발 못 먹고
풀뿌리 캐어 연명하던 배고픈 시절
“잘 살아보세 잘 살아보세”
온천지를 뒤흔들던 새마을노래

쌀밥 투정하며 햄버거 찾고
막걸리는
이제는 맛으로 마시는 세월

술 처먹고 왔다고 귀퉁배기 때리다
밥 대신 술지게미 먹고 온
제자 안고 엉엉 우시던 선생님
지금은 어디 계신가.

님 그리며

오늘은 너 내일은 나
사랑하다 떠나가겠지.
슬퍼하지 말라고
그러나 슬픈 걸 어쩌겠어.
보고 싶은 걸 어쩌겠어.
오늘의 시간도 우주의 섭리로 잠시
먼저 보낼 뿐이라고
오늘도 나 홀로 걸으며
지난 발자국을
찬찬히 돌아보겠지.
맨발로
발바닥이 짓물러 터지도록
그대로 걷는다 해도 나약하기만 하지.
격렬한 몸짓으로
살아 있음을
가슴이 터지도록 느껴본들
달라질게 하나도 없지.
멀고도 가까운 내 사랑 곁
찬바람 스치는
정자는 누구를 기다리는가.
외로움에
채울 수 없는 빈 공간으로 남겠지.

손길

따스한 오후의 산사
누렁이가 밥그릇을 엎는다.
으르렁 거리며
하늘에 눈 흘긴다

득도 했으면 하산은 당연한데
목에 걸린 가시로
공양이 넘어 가지 않네.
점점 깊숙이 박혀
신음 소리만 높아진다.

너는 너 나는 나
제 갈길 가면 그만인데
같은 길 갈 거면
살뜰히 보살펴 주길 바랐는데
생각이 다른 차디찬 손길

쓸쓸한 늦가을
저물어 가는 눈길 못 잊어
돌아보고 또 돌아보고.

한여름 날

여름날의 하늘
구름 세상이다.
뭉게구름, 새털구름, 양털구름
어깨동무하고 놀이 한다.

둥구나무아래
노인들의 부채가 한가롭게 춤을 춘다.

구름이 몰려오고
천둥 번개 마른하늘 갈라지고
온 천지가 캄캄해지며
장대 같은 소나기가
등허리를 사정없이 두드린다.

소나기가 뚝 멈춘다.
마당 한가운데 용트림 하던
미꾸라지가 버둥거린다.

햇볕이 반짝인다.
오색무지개가 쌍으로 반긴다.
하늘 저편에 비껴 서있던
새털구름이 눈치를 살피며 다가온다.

말매미는 목청이 터져라 짝을 찾는다.
그래 부지런히 짝짓기 해야지
떠날 시간 다 되고
은둔의 시간이 멀지 않으니….

복어 잡이

아버지는
살을 에는 바람 속에
망망대해를 향한다.

산더미 같은 너울이
뱃머리를 두들긴다.

복어와 대치한 채
한 개의 줄 끝에 매달린
아버지의 인생

아버지의 소망은
복어의 목숨을 움켜잡아
내 삶의 등에 불을 켜는 일이었지.

복어처럼 한껏 배를 부풀린
파도들이
아버지의 꿈을 끝없이 후려치고

아버지의 빈 배는
항시 신음소리로 만선滿船을 이루었지.

숨비소리

제주 바다는
여인을 소리 없이 토해놓는다.

쉬호이 쉬호이
휘파람인가 숨비소리,

한 소절 바다를 울리면
총각들 가슴은
유채꽃 바다가 된다.

섣달 바다에도
봄바람을 불러오는
숨비소리로

서귀포 앞자락은
늘 몸살중이다.

카카오톡은 내 친구

종일 무료한 시간
텔레비전과 눈싸움 하다가
꾸벅꾸벅 고갯짓
어두움 가운데 메아리치는 공허로 묻힌다.

카톡 카톡 창문을 연다.
"좋은 사람들과 함께 한다는 것은 행복한 삶이다."
"내 마음에 남은 당신의 온유함은
새해에도 기억하고 싶습니다."
"하느님의 은총 아래 당신과의 귀한 만남을 소중하게
영원한 우정을 간직하겠습니다."
한 구절 한 구절이
내 마음을 뜨겁게 한다.

살아오면서 한 분의 우정도 소중한데
쏟아지는 카톡의 울림은
젊은 시절로 돌아가는 듯
뜨거운 열정
당신께 보냅니다.

복달임

중복 날
찜통더위
비처럼 쏟아지는 땀

핸드폰에 친구 목소리
개 혀!
혀!

얼큰한 보신탕에
더위 쫓는다고 소주 한 잔

요즈음도 복날 되면
복달임 보신탕에서
오래 못 만난 친구 얼굴 떠오른다.

보내는 마음

밤사이
대롱거리던 까치밥이 떨어졌다

떠난다고
밤새 울부짖고 있던 것을
나 혼자
모르고 있었나봐
무심하게도

보내야겠다.
가야할 것들
아쉬움이 진하게 남아있을 때

지나온 길
굴곡진 삶의 발자국 마다
그리움 수북이 쌓이는 늦가을.

한 걸음

쉴 새 없이 걸어온 이 길
휘몰아치는 비바람에 온몸을 적시며
줄달음치다가
어느새
청춘은 잊혀지고
바람이 불면 백발이 휘날리는
노인이 보인다.

언젠가는
이렇게 되리라 생각 하였지만
이리도 빨리 다가올 줄은
세월을 놓아 보자.
그곳에 멈추어
회오리 멈춘 푸른 날을 바라보자.

언제나 따듯한 미소로
내 곁을 지키는 당신
깊어진 주름 골 위
얼굴을 묻고 있는 어제의 나날

어느새 눈가가 촉촉해 진다.
가만히
꼬옥 안아 본다.

미당을 그리며

국화꽃 만발한
미당 생가를 찾았습니다.
가을 화단에서 빛나는 시들을 들여다보며
시향에 흠뻑 취해 봅니다.
한 송이의 국화꽃을 피우기 위해
미당은 소쩍새가 되어 떠났습니다.
국화꽃 봉오리마다 피어나는 시詩
뒤돌아서는 나의 가슴에도
미당의 향기가 안겨옵니다.
차를 타고 멀찌감치 떠나와서도
국화 옆에 서 있는 듯한
시詩의 메아리.

갈대의 연정

무한히 펼쳐진 갈대숲이
가을의 끝자락을 잡아당긴다.
바람이 부는 대로 몸을 맡긴
키 큰 사내의 거친 몸짓

은빛 물결 일렁이는 그곳에
그녀는 고개를 숙이고 있다.
눈부시게 빛나는 순백의 부드러움
억센 팔로 끌어안고
모진 바람 막아 주고 싶다.

마음에 남겨져 있는
아련한 젊은 날의 기억
갈대숲은
우리들 사랑의 고향

먼 길 돌아
이만큼 와서 보니
당신의 몸에서 풋풋하게 풍겨오는
그 시절 갈대의 향기.

겨울 사랑

산으로 떠나 산새 된 너
아련한 바람으로
감추어진 세월 속
멍든 가슴

기다리던 눈 내려
길은 길 없이 지워져도
우리 사랑의 흔적
난초처럼 초록으로 남아

바람이여!
아무리 쓸고 쓸어도
깎아낼 수 없는 우리 내면의 성城을
두드리지 마라

겨울이면 눈에 덮일수록
더욱 선명해지는
옹이 같은 사랑.

산사에서

보리사 대웅전에 공염불 하고나니
부처님 깊은 뜻은 입술에 맴돌고
하늘을 바라보며
내려놓지 못하고 헛 욕심 가득하네.

저승 곳간 텅 빈 지도 모르고
공염불 삼천 배에 득도에 다다른 듯
코웃음 치듯 모란꽃 툭 떨어지네.

하늘에 흰 구름 말없이 흘러간다.
아이야 돌아가는 차편이나 알아 보거라.

—

제2부

—

마음의 두께
(류혜향 시인의 시)

어떤 풍경 4
Oil on Canvas
162×130.3 cm
2016 (정소연 作)

고마운 마음으로 용기를 냈습니다

일흔이 훌쩍 넘어
남편의 손에 이끌려
詩의 마당에 발을 들여 놓았습니다.
詩에 대해 문외한인 제가
겁도 없이 詩作을 했습니다.

문우들과 작품도 합평하고
수업 마치면 공주식당에서의 점심시간….
어쩌다 잘 썼다는 교수님의 한마디에
그림 잘 그렸다고
칭찬받는 유치원생이 되기도 하지요.
이 모든 것이 제 인생 마지막 4분기에 맞이한
보물 같은 시간이었습니다.

이제 부족하지만
제가 살아온 모습을 글로 드러냅니다.
혹자는 그게 무슨 시냐고 하시겠지요.
결혼 50년 동안 경험하고 느꼈던

숨겨져 있던 민낯을
詩의 흉내를 조금 내어
보여드리려고 용기를 내어보았습니다.

오늘이 있기까지 많은 도움을 주신
여러 교수님들에게 감사의 말씀을 드립니다.
같이 공부 해온 문우님들에게도
고마운 마음을 전합니다.

끝으로
제 곁을 지켜주고 같이 걸어와 준
남편과 내 보물들(아들, 며느리, 손자, 손녀)
우리 자생모 형제들께
고마운 인사를 전합니다.

언제나 저희 가족을 보살펴주시는 하느님,
감사합니다.

2019년 6월
류 혜 향

동행

따듯한 손길
찬 손을 감싸 주며
함께 걸어 온 길

고개를 넘고
외나무다리 건너
길이 막히면 되돌아 나오고
소나기 쏟아지면
흠뻑 젖기도 했지

뒤돌아보면
사랑으로 포근하게 함께했던 길
어느새
하늘 가득 물들인
노을이 곱다

손 꼬옥 잡고 가면
저 멀리 성당의 불빛도
함께 하자고 반짝인다.

달 항아리

남쪽 창가에
달하나 떠있다
매끄럽게 흘러내리는
선이 눈부시다

날마다 뜨는 보름달
쥐불놀이 깡통의 불꽃이 춤춘다.
흩날리는 불꽃
발그스레한 소년의 모습
달이 뜨는 언덕에서
훔쳐보던 수줍은 소녀

세월 흘러
눈이 침침한데
어제와 어제의
지나온 흔적이
곡선을 따라
하나씩 하나씩 지워진다.

티 없이 예쁜 달 항아리가
부끄러운 나를
바라보며 지켜준다.

오늘 이 하루

새벽에 혼자 일어나
기도합니다.
우리 가족 하루에 햇살만 비춰 달라고

커피포트가 울어댑니다.
커피 한 잔으로
아침을 열어주라고

늘 반복되는 시간이지만
새롭게 무얼 시작해볼까

산뜻한 새 옷을 입어보기에
아직 그리 늦은 나이는 아니겠지요.

흐뭇한 소식 있을지 몰라
현관문을 열고 신문을 들여놓습니다.
새로운 길을 가듯 설레는 마음으로
오늘 이 하루 시작합니다.

봄날

철부지 목련 봉오리
눈 뜰까 말까 망설이고 있다

양지바른 담장 밑에
누렁이가 늘어지게 하품하는
봄 졸음

그이가 부르는 목소리에도
들떠있는
연초록 빛깔이 떠돈다.

두 바보

자려고 누워 뒤척이는데

당신 첫사랑 누구야
뜬금없이 뭔 소리
아니 그냥 궁금해서

누구나 첫사랑 있다잖아
없어! 난 당신이 첫사랑이야

당신 만나던 그 여자
미스코리아 있었잖아
좋아 했다며

내 사전에 사랑하는 여자는 오직 당신뿐이야

뻔한 거짓말에 취해
두 바보는 손 꼭 잡고 꿈속 나들이를 한다.
귀뚤귀뚤 귀뚜라미 함께 가잔다.

부부 1

여보 먼저 가서
방 이쁘게 꾸며놓고
기다릴게
천천히 오세요

아내가 떠난 지 열한 달
아내에게 선물할 솜이불 장만해서
서둘러 뒤따라갔습니다

도란도란 이야기 소리
그친
긴긴 겨울밤

세상은 추위 가득해도
하얀 솜이불 덮고 잠을 잡니다.

부부 2

아내는 툭하면 허리 아프다고
스스럼없이 속옷을 내립니다.
남편은 재빨리 파스 한 장 철석 붙여 줍니다.

"벌써 다 쓰고 한 장 남았네."
남편은 파스 구매 담당입니다

허리와 엉치가 안 좋아
파스를 친구 삼아 사는 아내
붙인 자국 벌겋게 물러 아파하며
꾸부정하게 부엌으로 갑니다.
그 뒷모습 물끄러미 쳐다봅니다.

젊었을 땐
옷 갈아입다 들키면 어쩔 줄 몰라 하더니
부끄러움도 늙나 봅니다.

사랑은 파스처럼 찰싹 붙어
아픔을 달래주는 것인가 봅니다.
고맙다는 말 한마디처럼
알싸한
박하사탕입니다.

우리 집 삼식씨

우리집 삼식씨, 삼식이놈, 삼식이 새끼
오늘은 어쩐 일로 나갔을까

혼자 대충 먹는 점심이
제법 익숙해져 갈 때
껌딱지처럼 찰싹 붙는다.

아침 점심 저녁
꼬박 꼬박 챙겨 먹고
사이 사이 커피, 과일, 군것질까지
온종일 10 새끼란다
그래도 우리집 삼식이는
눈치는 있어
설거지 당번에 청소까지 자원봉사 한다.

구수한 된장찌개, 굴비 굽고
손수 담근 오미자주 한잔 곁들이면
삼식씨가 제법 예뻐 보인다.

오늘도 내 소중한 삼식씨
반주 한잔에 불그스레한 눈자위를 보며
곰삭은 회억의 옛정을 되돌아본다.

우수憂愁

숨차게 쏟아지는
창 밖 빗줄기 사이로
다가오는 슬픔

시계바늘은
겹쳐지는 일상을 반복하면서
끝없이 돌아간다.

빗방울 튀며
피아노 건반 두드리듯
세차게 쏟아지는
까닭 없는 슬픔

잠시 먹구름 흩어져
반짝 햇볕이 유리창을 흔든다.
향기로운 모카 향기로
채워지는 빈 그릇.

나의 5월

블라인드 사이로 쏟아지는 햇살
갈라진 조각들이
만화경을 만든다.

피고, 지고, 헤어짐의 반복 속에
수많은 사람들이
화면처럼 스쳐 가고

작년보다 눈금 하나
더 걸어와
바라보는 모란의 개화開花

점점 더 빛나는 햇빛을 탄주彈奏하며
지나가는
먼 산 뻐꾸기 소리.

비 내리는 날

아침부터 누가
시간의 눅눅한 풍경을 끌고 오나
자분자분 내리는 빗속을 뚫고
불현듯 그 많은 모퉁이를 돌아
저녁처럼 오는 젖은 풍경이여

봄날 흰 울타리를 넘어가는 나비 날개
잔잔한 못물 위를 통통 튀는 물방울
연못을 통째로 들고 일제히 날아오르는 물새 떼

그 동안에 안 보이던 하늘, 안 들린 소리들
이게 어디 있었을까, 어디 숨어 살아냈을까
와서는 흘러가지 않는다.

인생은, 왜 눈물로만 꽃 피는지
그 까닭을 묻고 물으면서
차마 입 밖으로는 내지도 못하면서
줄렁줄렁 망량처럼 끌려온
까맣게 흐느껴 우는 존재의 춤사위.

종으로 횡으로
사정없이 그어대는 미친 화가의 광란의 붓질
도대체 누가 내 안에 깊이
깊이 숨긴 보따리를 풀고 있나.

아직은 여름인데

더위 헹구어 내는
빗줄기 그친 후
식어버린 새벽바람

시간에 쫓기어
사랑을 다 이루지 못한 아쉬움에
쓰르라미만 목 놓아 운다

성당 건너
옥수수 찌는 냄새에
여름은 한사코 서두르고 있어서

신발 감추듯
팥빙수 한 사발로
가는 길 막아본다.

늦가을 오후

뻐만 앙상한
은행나무 그림자
창밖에 흩날리는 낙엽 한 장

세월의 바람 견디지 못하고
몰래 내 곁을 떠나고 있는지

구름 그림자 짙어지는
삶의 뜨락 저편, 문득
잊고 있었던 소녀 하나 서있다.

오늘까지
참 잘 왔다고
살포시 웃는다.

여기
저기
가을이 떠나고 있다.

시월

옷장을 여니
앞산 단풍들이 울긋불긋
내 옷장에 터를 잡고 있다

나와 먼저 눈길 마주치려
소곤소곤
제 각각 사연을 뽐낸다.

첫아이 상견례 때
코발트 투피스
둘째아이 학예회 때
주황색 다운코트

“우리 엄마가 제일 우아했어요”
아이들 그 말이 귀에 맴돌아
평생 가슴속에 담고 살아온
오랜 시간 버리지 못한 미련

내 나이 시월이다
내일 문학기행 때는
찢어진 청바지 입고 가볼까.

가을 마중

길가에 코스모스가 피면
황금색 들판에
가을이 익어 갑니다.

참새야
힘들면
내 어깨위에 내려 앉아
날개를 내려 잠시 쉬려므나.
동무가 따로 있나
이렇게 놀아 주면 동무지

연분홍 여덟 폭 치맛자락
갑사댕기 풀어
쪽빛 하늘 향해 하늘거리면
두 팔 벌려 가을을
마중하던 소녀는
나 어릴 때 모습 그대로입니다.

겨울 문턱

어젯밤 비 살짝 다녀가시더니 수북이 쌓인 낙엽마다
흰 서리가 묻었다.
짧은 스커트를 입은 여학생들이 발그레한 재잘거림이
그 위를 밟고 간다.

한 장 한 장 주워들고 흰 서리를 털어본다

돌아보면
아득히 먼

충무로 아메리카파이* 집 호박파이가 단팥죽이 눈
마주치면 햇솜같이 웃어주던 노부부의 다사롭던 미소가
좁은 길모퉁이를 돌아 나온다.
동글동글한 웃음소리가 참새떼 같이 날아온다.
풀밭길이, 골목길이, 갈림길이, 자드락길이 흰 뼈처럼
야윈 시간을 끌고
서리 아래 얼다가 녹다가 긴 그림자 앞세워 되돌아온다.

내 가슴을 뚫고 지나가는 차고 마른 바람
쓸쓸히 한 세월이 접히는 소리.

* 아메리카파이집 : 1960년 무렵 충무로에 있었던 파이 가게. 노부부가 아메리칸 스타일의 파이를 구워 팔았다.

12월 첫날에

그의 손 잡아본 설렘도
깔깔대고 뒹굴던 두 아들의 재롱도
어제 일만 같은데

지름길로 먼저 와 버린 세월

나목裸木 같은 몸에
햇볕 한 줌 발라놓고
초겨울 문턱에 걸터앉아 있다

보고 싶어도 볼 수 없는
내 뒷모습은 어떨까

한 사람에게라도 그리움이었으면 좋겠다.
가슴 속에 맨 먼저 떠오르는
사람이었으면 더욱 좋겠다.

끝과 시작이 함께하는 십이월
머물렀던 자리
추억 속에 묻어두고
계절의 문턱을 넘는다.

그냥 이대로가 좋다

습관처럼
깨워야 하는 사람
먼 길 돌아
TV앞에 앉아 있다.

깜박 졸다 눈떠보면
옆자리에 같이 졸고 있는 안도감

늦게 귀가해도
잠깐 켜졌다 꺼지는 센서 등이 아니고
반겨주는 거실의 정다운 불빛

식어버린 혼밥이 아니고
구수한 된장찌개 한 숟갈에
하루를 나누고

아직도 새 옷을 보면
입고 싶어지는
노망난 설레임

더도 덜도 말고
이대로가 좋다.

아니 온 듯 다녀가소서

가을 끝자락에
떠나온 여행길
옷을 벗어버린 나무들 사이
아직 미련이 남아 매달려 있는 잎새들
내 거울을 보는 듯하다

축령산 높이 자리한 휴림
편백 향이 은은한 쉼터
속세에서 지고 온 고달픔이
따끈한 온돌방에서 녹아내린다.

하룻밤 더 머물고 싶은 마음
편백 숲에 떨쳐 버리고
빈 발자국 몇 개만 남겨놓고
돌아 서는 등 뒤에서
바람에 떨리는 편백의 외침
"아니 온 듯 다녀가소서."

둘이서 천천히

천천히 걸었는데도
돌아보니
빠른 걸음이었다.

아침에 눈뜨면
언제나처럼 들려오는
정겨운 코고는 소리

변한 건 없는데
달력의 숫자만 바뀌었는데
힘들 때 서로에게 어깨 내어주고
머리에 하얗게 서리 앉으면
예쁘게 서로 먹물 드려주고

둘이어서 참 좋다

시들기 전 꽃의 아름다움
바로 우리들의 지금의 모습

먼 훗날
그때가 참 좋았었어, 라고
말할 수 있는 오늘

인생은 장편소설
천천히 써가면서
둘이서 느리게 아주 느리게 가자.

둥지를 보며

칼바람이 분다.

둥지 하나
마른 몸 웅크리고
아슬하게 걸려 있다.

햇살처럼 구르던
새끼들의 재잘거림
푸른 날개 펼쳐 떠나버리고

세월의 접힘 따라
하염없이 흔들리는 낡은 둥지

기약 없는
등 굽은 기다림.

살다보니

손에 물 한 방울 묻히지 않게 해준다던
달콤한 속삭임에
잃어버린 반백년

오십년 만에 돌아온 약속
설거지 당번이 된 그 사람

씻었다는 그릇에 붙어있는 고춧가루
핀잔을 주다가도
어설프게 싱크대 앞에 서있는
구부정한 모습
미움보다 연민이 앞선다.

애들은 제 갈길 가고
멋진 목소리는 그대로인데
텅 빈 둥지만 남은
세월의 끝자락
서로가 서로를 품어주며
서 있는 연리지.

비

아침부터
눅눅해진 시간을 끌고 온다.

어제도 그제도
변함없이 세상을 가로 질러
울음을 뚫고
젖어버린 세월을 몰고 온다.

비는 그칠 줄 모르고
곤한 발걸음으로
나는 어디를 가고 있는 걸까

젖어버린 하루를 겹쳐 놓고
내안에 숨어있는
길 따라
질척거린 옛날의 보따리를 풀어 본다.

능소화

명줄을 끊어도
추한 얼굴 보이지 않고
여름 내내 의연하게 꽃을 피워 내는 너

비가 오면 담장 아래
젖은 네 모습
넘어가는 아리랑고개처럼 슬프다가도
연지 곤지 찍은 모습이 아름다웠다.

송이채 톡 떨어진다고
단명화라 부르셨던 할머니
할아버지를 측실에게 보내시면서도
기품 잃지 않고 가슴으로 아프셨던 분

가버린 사랑
언제 오려나
까치발로 담장 밖 내다보며
행여 들릴까, 발자국 소리
귀를 활짝 열고 있다.

고향집 담장에
할머니 마음 같은 능소화
한여름을 보내며 지고 있다.

마음의 두께

문밖에서 잠은 서성대고
수많은 별들이
눈앞에서 반짝거린다.

한 알 다 달라고 떼쓰시던 어머니
떨리는 손으로
잠 한 덩어리 반으로 자르시던 아버지

어머니의 숙면熟眠 이 영원으로 이어질까봐
남겨진 시간을 나누듯
어머니의 애절한 눈빛을 외면할 때
얼마나 마음이 아프셨을까

생각의 골짜기 깊어지면
잠 못 드는 밤이 이어지고
반쪽씩 갈라주는 손길에서
마음의 두께를 느끼며
오늘 밤도
사랑을 나누듯 잠을 나눈다.

낡은 조끼

쌀쌀한 아침
스웨터라도 걸칠까 뒤적이는데

구석에서 무언가
눈길을 잡아당긴다.
아버지 즐겨 입으시던
굵은 털실 조끼

보풀도 많고
단추도 달랑달랑
버릴까 말까
아쉬워 다시 입어 본다.
먼 길 돌아 집에 온 것 같은
깊은 안도감
찬바람 불면
언제나 내 몸에 붙어
만화 속 주인공처럼
변함없는 연출이다

아! 아직도
아버지 품에 안긴 늙은
어린 딸이다.

여름밤

형제들 모여 앉아 시조놀이 한다
마루에 가투* 늘어놓고
아버지가 초장을 읊는다
'이 몸이 죽고 죽어'
중장을 읽기도 전에
셋째가 잽싸게 종장을 집어
'임 향한 일편단심이야…'

청아한 아버지의 소리에
여름밤은 깊어만 가고
서서히 제 몸 태우는
모기향의 쑥 냄새도 짙어 간다

뒤늦게 시작한 시 공부에
잠 못 이루다
되돌아가고 싶은 여름밤으로
유년의 시간여행을 떠난다

아버지의 시조가
족보처럼
내 몸에 흐르고 있다.

* 가투 : 카드에 초장, 중장 과 종장으로 나뉘어 주관자가 초장, 중장을 읽으면 마루에 늘어놓은 해당 종장을 먼저 찾는 게임.

꽃물

그해 여름 할머니는
소나기로 세수한 봉숭아꽃과 잎
앞치마에 가득 따 백반 넣고 콩콩 찧으셨다.

첫눈 올 때가지 꽃물이 지워지지 않으면
첫사랑이 이루어진다는 바람 안고,
빨갛게 잘 들면 저승길이 꽃길 된다고
아주까리 잎 서로서로 꽁꽁 싸매었다.

내손을 보시며
고추잠자리 열 마리 내려앉았네 하시고
곱게 물든 당신 손톱 보시며
알 듯 모를 듯 웃으시던 할머니

첫눈 오고 며칠 뒤
열 개의 꽃등이 밝혀주는 길 따라 떠나셨다.

손녀가 발라준 빨간 매니큐어 손톱을 보며
할머니의 미소를 이제야 알 것 같다.

복날

우리는 제비새끼처럼
할머니가 발라주는 살코기를
낼름 낼름 받아먹었다.

'우리 강아지들
이것 먹고 더운 여름
잘 이겨 내야지'

복날 먹는 삼계탕
쫄깃한 살코기 한 점 맛
환청처럼 귀에 아른대는
할머니 목소리

평상에 할머니 무릎 베고 누워
밤 하늘 별 헤던 어린 날
그 많던 별들 다 어디에 갔을까.

어머니

아이를 낳고 힘들 때
느닷없이 내려오셨습니다.
큰아들만 챙기시던 무심한 어머니가….

우유 값 아낀다고
짓무른 젖꼭지를 물리고 있는 나를 보고
돌아 앉아 눈물 보이시더니
슬그머니 나가셔서
분유를 세 박스나 사오셨습니다.

그때서야
어머니 마음을 알았습니다.

남편도
어머니를 닮아가는 나를 보고
장모님과 사는 것 같아 죄송하다고
능청을 떱니다.

어머니가 보고 싶어 또 거울을 봅니다.
어머니의 미소가
내 입 가에도 반짝입니다.

주름 물결치고 하얀 눈 내린 얼굴
내가 웃으니
웃음으로 화답하시는
우리 어머니.

설날

어둠이 채 가시기 전
제기에 음식 담아
진설하는 소리에
눈뜨는 새해 아침

종부로 사셨던 친정 엄마
둘째니까 편할 거라던 말씀
팔자는 남 못준다고
둘째가 첫째 되어 살아온 반백년
술 한 잔 올리고
잘 참고 살았다고
스스로 다독여 본다.

자식들 무탈하게 해달라고
늘 오늘 같은 한해가 되게 해달라고
생율 한 쪽에 청하 한 잔
음복하니

고단했던 몸과 마음
술 향에 젖어 녹아내리고

엄마가 좋아 하셨던 호접란
활짝 핀 날갯짓에
새해 소망 가득 실어본다.

아버지의 손

엊그제 빨아 말린 이불 홑청을 꿰매면서
너무 낡아 이제는
색이 바란 실패를 보니
그 옛날
실감아 주시던
아버지의 손이 그립다.

시집가는 딸에게
굵은 무명실을 감아주면
오래오래 잘 산다고
붉은 자개 실패에 감아 주시던 아버지

함 들어올 때 내다보면 안 된다고
붙잡고 앉아 실감아 주시며
인생의 기나긴 길목 어려운 일도
실처럼 술술 풀려 잘 살라고
기도하시던 아버지

어느새 그 때의 아버지보다
훨씬 더 나이를 먹고 생각해 봐도
딸을 놓아 보내며 손끝에 바람 일던
아버지 그 마음 헤아릴 수 없다.

9월입니다

명주실 같은 햇살이 쏟아집니다.

유리창 틈새로 들어오는
으스스한 바람에
서둘러 문풍지 바르시던 어머니

가을 학예회에 입힐
발레복을 밤새워 지으시며
백조같이 귀한 여인이 되기를
바라시던 어머니

긴 긴 명주실 끝에서
달랑거리는

외롭다는 말
그립다는 말
보고프다는 말.

어느 봄날

계곡물 녹아
수묵화에 먹물 번지듯
나뭇가지 파랗게 물들였다

해님도 같이 놀자며 내려앉은 풀밭
쑥을 캔다.
덤불속에 고개 내민
솜털도 벗지 못한 어린 쑥
소쿠리 안에서 몸을 비비며
낮잠을 잔다

애탕 국 한 그릇에
입맛 돌아 몸을 추슬러
젖을 물리셨다는 어머니
종일 쑥 캐며 놀다가 오면
흙 반 쑥 반인 바구니를 보고
빙그레 웃으시며
흙투성이 손을 씻겨 주시던 인생의 봄날

손끝에 배어있는 쑥 내음에 취해
나는 오래도록 그때 그 시절에
머무르고 싶다.

억새

금강 하류
강과 산이 만나는 언덕 위에서
한 무리의 억새들을 만났다.

스산한 바람에 서로를 감싸 안고
물안개 핀 강물 따라
수줍게 하늘거린다.

해마다 한아름 가득
억새꽃 달항아리에 꽂아두고
오래 오래 보시던 어머니

하얗게 바랜 근심 머리에 이고
억새 줄기 같이 가는 손으로
자식들 앞길 열어주시던 내 마음의 고향

지금 쯤 산자락 어디쯤
바람이 이끄는 대로
억새들과 노닐고 계실까

생전에 즐겨 부르시던
아 아 으악새 슬피 우는 가을입니다.

아버지

맏딸이 아버지께
윗저고리 입혀 드린다.
집에 오시면 옷을 받아 장롱에 걸어 놓는다.

둘째도 언니처럼
옷을 입혀 드리고 받아 걸고
땀에 젖은 손수건 바꿔 드리고

셋째는 모양 쟁이
어울리는 멋진 넥타이 매어 드렸다

막내딸
기관지 약하신 아버지
털목도리에 정을 가득 담아드리고

막내가 시집가는 날
"이제는 내 옷 누가 챙겨주지"
그제야 어머니가
"이제 겨우 내 차지가 되었구나."

새로운 시작

잠 못 이루던 밤
화려했던 시절을 불길 속에 던지며
청춘을 지워 버렸다

이화 동산의 푸름 속에 묶어 두었던
그리운 벗들의 얼굴
먼저 떠나버린 수자의 모습

살아온 모든 것들이
불길 속에서 춤을 춘다.
하얀 웨딩드레스의 신부도
연미복의 신랑도
불꽃처럼 솟구쳤다 사라진다.

이제 낡은 잠옷 같이 편안해진 노년의 행복
곱게 화장하고
새로운 날들을 다시 만들어 볼까

소멸의 아름다움을 위하여.

커피 한 잔

밤잠을 설친 새벽녘
커피 잔에
그리움 한 잔을 섞으면
사랑의 진한 향이
방 안을 채운다.

브람스의 바이올린 D장조의
선율이 흐르고
한 잔의 커피가
여명을 밝히면

어제 남긴 숱한 물결도 재우고
혀끝에 감도는 달콤함은
남은 날의 희망이 된다.

서성이던 새벽길을 나선다.

공항 터미널

멀리서 온 둘째네가
오늘 떠난다.
해마다 겪는 이별인데
오늘따라 왜 이리 짠할까

"엄마 이제 갈게요"
아들의 품안에서 세월 따라
어미의 등허리는
조금씩 조금씩 허물어지고

할머니 하며 안겨오던 손녀의 빈자리에
찬바람이 파고든다.

몇 번이나 더 손을 흔들어 줄 수 있을까

또 한 살의 무게를 이기지 못한 내 눈꺼풀에
차갑고 파랗게 시린 하늘이
내려앉는다.

흔적

종일 쓰고 다닌 가면을 벗는다

기미
주근깨
주름살
하나 둘 본연의 모습이 나타난다

처음
꽃이었던 것
검은 반점으로 남고
웃음이 활짝 피었던 곳
깊은 계곡으로 파여 있다

삶의 흔적들
봄바람 불러와
다림질이라도 해볼까

눈물로 쓴 편지처럼
지울 수 없는
거울 속
내 삶의 조각들.

왜 이리 어려울까

겨울 내내
얼어버린 바람이 싫어
회색 벽과 마주 하고 지냈다.

뉘엿뉘엿 해는 지는데
아무것도 못하고
빈손으로 맞는 어두움

마음에 맴도는 시
뱃속에 품었던 내 아이
못생겨도 예쁘기만 한데

밤잠 못 이루고 뒤척이다가
새벽녘 되서야
머리 달래며 쥐어짜
마음의 소리 엮어 보았다.

얼마나 치장해야 근사해질까
다듬질 끝에 매끈해진 홑청을 보며
홍을 돋워 방망이 두드려 본다.

할미꽃

햇빛도 안 드는
아파트 외진 구석
할미꽃 한포기 홀로 피어 있다.

꽃이 되어 환생한 할머니처럼
힘겹게 봉오리 벌려
누구를 부르나

그리워 눈 못 감을 이름이 있나
먼 산 소쩍새가
붉은 울음 우는데

삶에 지쳐 고개 숙인
할미꽃 위에
마음결 주름진 내 그림자 겹치네.

코스모스

코스모스 앞세워
성큼 다가온 가을

세상을 아름답게 꾸미기 위해
가는허리 긴 목으로 피어난 꽃

꽃잎 속에 떠오르는 얼굴
가냘프고 목이 길어
코스모스 닮은 어머니

문득 보고 싶어 달려간다
꽃잎 띄워 술 한 잔 올리고
뽑아 드리는 쑥 풀 질긴 뿌리

무릎 베고 누우면 새치를 뽑아주시던
어머니의
따듯한 손

살랑거리는 키 큰 코스모스 하나
오래도록 눈앞에 아른거린다.

스냅사진

봄의 앞자락
공원의 오후

솜털 벗지 못한 목련
뾰족이 입 내밀고

놀이터엔 아이들의 종알거림
구슬처럼 굴러다닌다.

서로 나눈 세월 앞세우고
손 꼭 잡고 걷고 있는 노부부

노랑나비 한 마리
날아가는 공원 입구에

검은 리본으로 치장한
영구차 하나.

봄살

장마당에 온갖 나물들이
푸른 향기 내뿜으며 손짓 하는데
살 오른 두릅 한 묶음
눈길을 당긴다.

살짝 데친 두릅
정종 한 잔 향기 한 모금
봄을 즐기시던 아버지

벌겋게 부어오른 손 끝 두릅가시 뽑아 주시며
머나먼 길
작은 가시 피하고
큰 가시 뽑아내며 조심해 가라던 말씀

한 두름 엮어 내 삶에 걸어두고
쌉쌀한 향긋함에 비틀거리며
봄살*을 앓는다.

* 봄살 : 봄을 맞는 몸살(어느 작가의 신조어)

문학사랑 제100회 신인작품상 시상 – **류혜양 시인(左4), 양승조 시인(左5)**

2017년 12월 9일 제127회 문학사랑예술축제

2017년 12월 시화전(시청역 지하광장)

제32회 한밭시조백일장

사랑해요

1969년 4월 신혼여행 제주에서

런던 템즈 강변에서

2016년 희수 기념 캠프

2016년 제주여행

2016년 제주여행

2016년 제주여행

2015년 희수 여행 삿포로에서

2003년 자카르타에서

류혜향 시인 부친 은석 유청 의원 동상 제막식에서 (전주고등학교 교정)

류혜향 시인의 조부(유직양 님)의 동상 앞에서 (전북대학교)
아버지를 모시고 자매들과 함께

2005년 형제모임

1960년 조부 생신 가족모임

숙부님 미수기념 (신라호텔에서)

큰형 양승훈네 집에서 (독일 본시거주)

제주 승마클럽에서

눈에 넣어도 아프지 않은 손녀 희수 (자카르타)

내가 자란 수원 99칸 집 (현재 용인민속촌 이설)

2010년 4월 건국포장 전수식

둘째 아들 결혼식

이탈리아 진실의 입 (로마의 휴일에 나오는 거짓말을 하면 손목이 잘려진다는)

2017년 큰 손자와 함께

2003년 중국 여행 (자생모)

문학사랑 시인선

001	전태익	눈빛 닿는 곳마다
002	리헌석	갈채하는 숲
003	상동규	수직으로 일어서면 수평으로 눕는 바다
004	정재권	대나무를 충고한다
005	조남익	기다린 사람들이 온다
006	정진석	아름답고 향기로운 사람꽃
007	양태의	혼자 우는 뒷북
008	리헌석	섬버위
009	이순조	하늘 닮은 사랑
010	김명배	몸 밖에 마음 두고
011	김기양	김기양의 허수아비
012	경홍수	솔바람의 향기
013	이완순	세상 위에 나를 그리다
014	오희용	이야기 나무
015	곽우희	여전히 푸르고
016	조근호	바람의 동행
017	김영우	길 따라 물길을 따라
018	조남익	광야의 씨앗
019	지봉성	고도
020	이근풍	아침에 창을 열면
021	나이현	들국화 향기 속에
022	이영옥	길눈
023	전성희	당신의 귀가 닫힌다
024	김기원	행복 모자이크
025	김영수	소쩍새 한 마리
026	고덕상	고요한 기다림
027	권상기	초록빛 그리움
028	김주현	분명한 모순
029	김해림	멈추지 않는 발걸음으로
030	김영우	갈맷길을 걸으며
031	이완순	海印을 찾다
032	엄기창	춤바위
033	장덕천	싸구려와 친구하다
034	조남익	흙빛의 말